Das kann ich schon! (1)

Die Aufgaben waren für mich:

AF203778

○ **1** Verbinde.

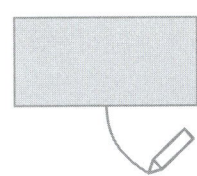   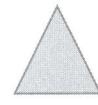   

| Kreis | Rechteck | Dreieck |

☐ ☐ ☐

○ **2** Wie viele?

●

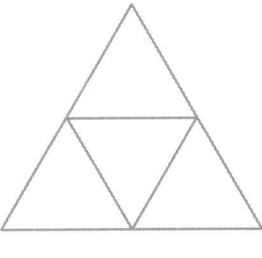   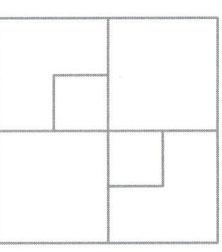   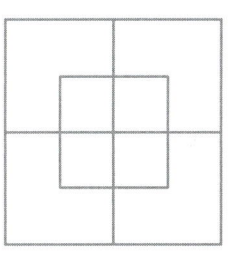

_____ Dreiecke   _____ Quadrate   _____ Quadrate

☐ ☐ ☐

○ **3** Schreibe die Baupläne.

Bestimme die Anzahl der Würfel.

●

      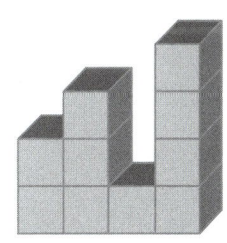

_____ Würfel   _____ Würfel   _____ Würfel

☺ ☺ ☹
☐ ☐ ☐

Lehrerbereich

☺ ☺ ☹

1 Geometrische Formen und Namen zuordnen _____ ☐ ☐ ☐

2 Große und kleine Formen entdecken und Anzahl bestimmen _____ ☐ ☐ ☐

3 Baupläne schreiben, Würfelanzahl bestimmen _____ ☐ ☐ ☐

1

Das kann ich schon! (1)

Die Aufgaben waren für mich:

4 Male in das Regal.

oben rechts: ✏️

unten rechts: ⊘

oben links: 🗄️

unten links: 🧴

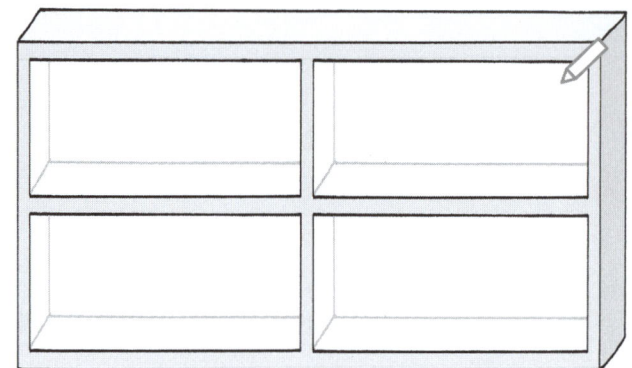

😊 ☐ 😐 ☐ ☹️ ☐

5 Wie heißen die Formen?

Wie viele Ecken und Seiten haben sie?

Name:			
Ecken:			
Seiten:			

😊 ☐ 😐 ☐ ☹️ ☐

6 Verbinde.

Ich habe Ecken, aber es sind weniger als 4.	Ich habe lange und kurze Seiten.	Ich habe keine Ecken.

😊 ☐ 😐 ☐ ☹️ ☐

2

Das kann ich schon! (2)

○ **1** Zähle in Einerschritten.

von 0 bis 12: _0, 1_ _____

von 20 bis 11: _____

😊 😐 🙁
☐ ☐ ☐

○ **2** Wie viele?

 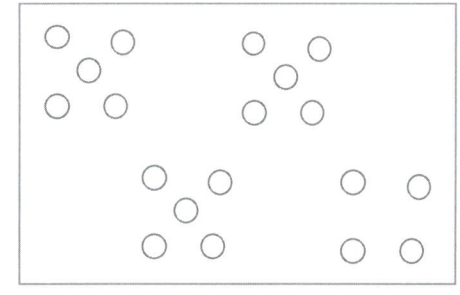

_____   _____

😊 😐 🙁
☐ ☐ ☐

○ **3**

$3 + 5 =$ _____ $7 - 5 =$ _____

$5 + 2 =$ _____ $8 - 7 =$ _____

$1 + 9 =$ _____ $5 - 2 =$ _____

$2 + 8 =$ _____ $6 - 4 =$ _____

$4 + 4 =$ _____ $9 - 9 =$ _____

😊 😐 🙁
☐ ☐ ☐

○ **4**

$12 + \ 8 =$ _____ $14 - 5 =$ _____ $9 + $ _____ $= 12$

$15 + \ 4 =$ _____ $12 - 7 =$ _____ $7 + $ _____ $= 15$

$\ 6 + 10 =$ _____ $11 - 9 =$ _____ $6 + $ _____ $= 11$

$\ 8 + 11 =$ _____ $16 - 8 =$ _____ $5 + $ _____ $= 14$

$\ 7 + 13 =$ _____ $13 - 6 =$ _____ $9 + $ _____ $= 18$

😊 😐 🙁
☐ ☐ ☐

Lehrerbereich

😊 😐 🙁

1 Vorwärts und rückwärts zählen _____ ☐ ☐ ☐

2 Anzahlen bestimmen _____ ☐ ☐ ☐

3 Aufgaben ohne Zehnerübergang lösen _____ ☐ ☐ ☐

4 Aufgaben mit Zehnerübergang lösen _____ ☐ ☐ ☐

3

Das kann ich schon! (2)

5

Die erste Zahl wird immer um 2 größer. Die zweite Zahl bleibt immer gleich.

Die erste Zahl bleibt immer gleich. Die zweite Zahl wird immer um 3 kleiner.

5 + 2 = ____
___ + ___ = ___
___ + ___ = ___
___ + ___ = ___
___ + ___ = ___

18 − 18 = ____
___ − ___ = ___
___ − ___ = ___
___ − ___ = ___
___ − ___ = ___

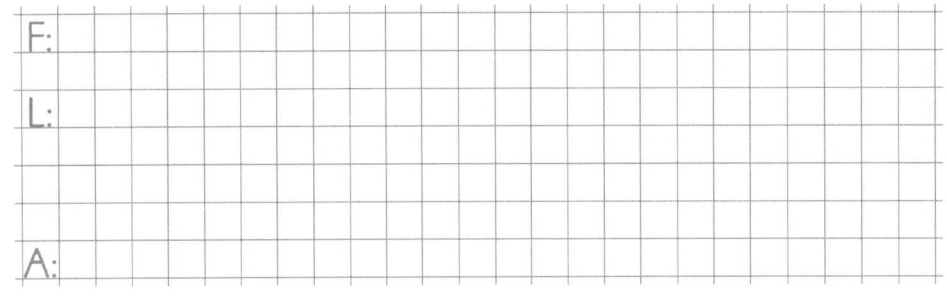

6

Tim ist 4 Jahre alt.
Lisa ist 2 Jahre jünger als Tim.
Jana ist 6 Jahre älter als Lisa.

F:

L:

A:

7

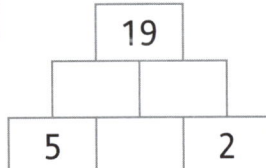

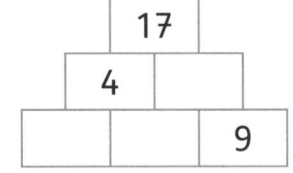

Lehrerbereich

5 Aufgabenrollen nach Vorgaben fortsetzen _____

6 Sachaufgabe lösen _____

7 Zahlenmauern durch Probieren lösen _____

4

Name: _____

Datum: _____

Zahlen darstellen

○ 1 Wie viele sind es? Schreibe in die Stellenwerttafel.

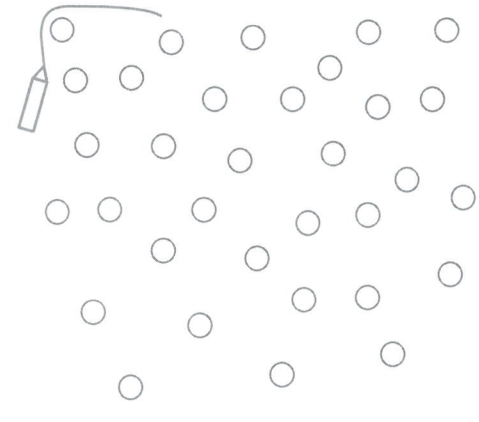

Z	E

Z	E

☺ ☺ ☹
☐ ☐ ☐

○ 2 Zeichne die Zahlen in das Hunderterfeld.

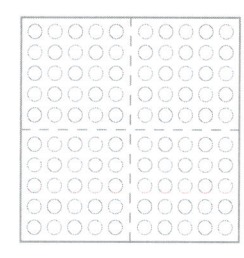

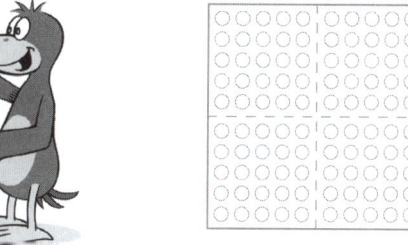

Z	E
2	7

Z	E
5	9

☺ ☺ ☹
☐ ☐ ☐

○ 3 Schreibe die Zahlen in die Stellenwerttafel.

Z	E

Z	E

☺ ☺ ☹
☐ ☐ ☐

Lehrerbereich

☺ ☺ ☹

1 Objekte bündeln und Anzahl in eine Stellenwerttafel eintragen
2 Zahlen im Hunderterfeld einzeichnen
3 Zahlen in eine Stellenwerttafel eintragen

5

Zahlen darstellen

○ **4** Ergänze die Steckbriefe.

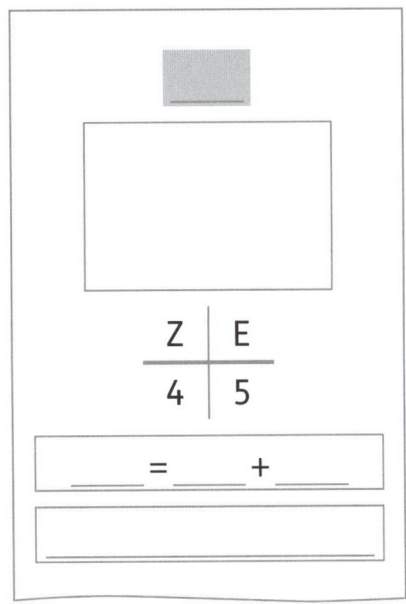

Z	E
4	5

_____ = _____ + _____

_____

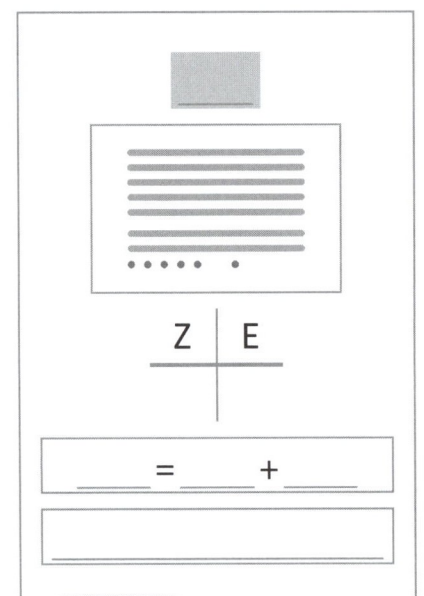

Z	E

_____ = _____ + _____

_____

◑ **5** Lies und schreibe die Zahlen in die Stellenwerttafel.

neunundvierzig

zweiunddreißig

Z	E

Z	E

● **6** Löse die Zahlenrätsel.

Die gesuchte Zahl hat 4 Einer und doppelt so viele Zehner. _____	Die gesuchte Zahl hat 8 Einer und halb so viele Zehner. _____	Die Zahl hat genauso viele Einer wie Zehner und ist größer als 90. _____

Lehrerbereich

4 Fehlende Zahlendarstellungen in den Zahlensteckbriefen ergänzen

5 Zahlwörter lesen und Zahlen in die Stellenwerttafel eintragen

6 Zahlenrätsel lösen

6

Der Zahlenstrahl

○ **1** Verbinde.

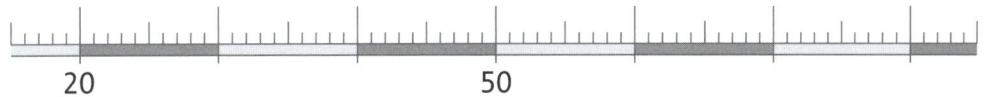

20   50

| 30 | | 41 | | 48 | | 55 | | 67 | | 79 |

○ **2** Notiere Vorgänger (V) und Nachfolger (N).

●

V	Z	N
	24	
	53	
	88	

V	Z	N
	40	
	69	
	91	

○ **3** Notiere die Nachbarzehner (NZ).

NZ	Z	NZ
	36	
	74	
	85	

NZ	Z	NZ
	29	
	51	
	94	

●

○ **4** <, > oder =?

23 ○ 27   12 ○ 21

31 ○ 39   43 ○ 34

54 ○ 62   66 ○ 66

Lehrerbereich

1 Vorgegebene Zahlen mit dem Zahlenstrahl verbinden
2 Vorgänger und Nachfolger eintragen
3 Nachbarzehner eintragen
4 Zahlen miteinander vergleichen und Relationszeichen einsetzen

7

Der Zahlenstrahl

5 Trage die fehlenden Zahlen ein.

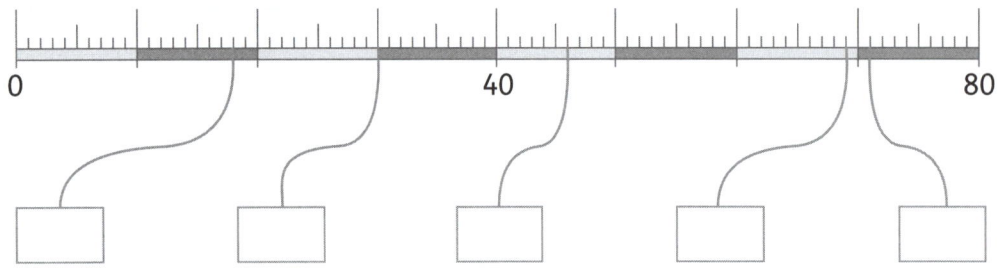

0   40   80

😊 😐 🙁
☐ ☐ ☐

6 Löse die Zahlenrätsel.

Meine Zahl hat 4 Zehner. Der Einer ist doppelt so groß wie der Zehner. _____

Bei meiner Zahl ist der Zehner das Doppelte von 3. Der Einer ist die Hälfte von 10. _____

😊 😐 🙁
☐ ☐ ☐

7 Zeichne einen Zahlenstrahl von 0 bis 25 und trage diese Zahlen ein:

4, 9, 13, 17, 22

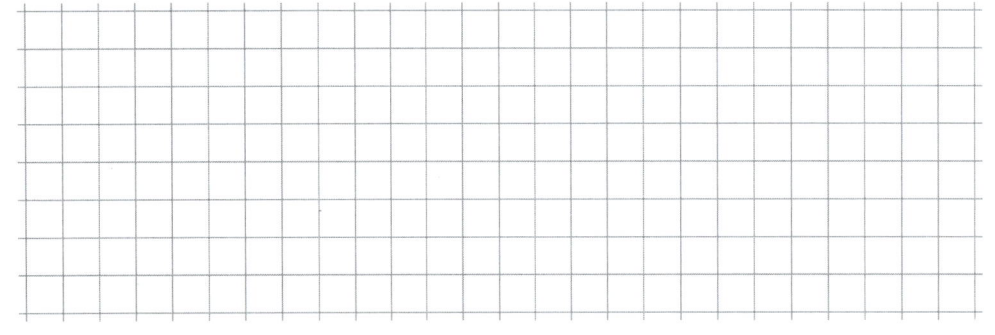

😊 😐 🙁
☐ ☐ ☐

Lehrerbereich

😊 😐 🙁

5 Zahlen am Zahlenstrahl ordnen und eintragen _____ ☐ ☐ ☐

6 Zahlenrätsel lösen _____ ☐ ☐ ☐

7 Zahlenstrahl zeichnen und Zahlen eintragen _____ ☐ ☐ ☐

8

Name:

Datum:

Muster zeichnen

○ **1** Gestalte Muster.

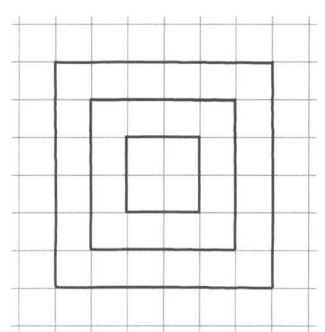
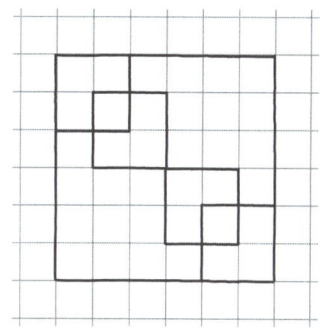

○ **2** Gestalte Bandmuster.

●

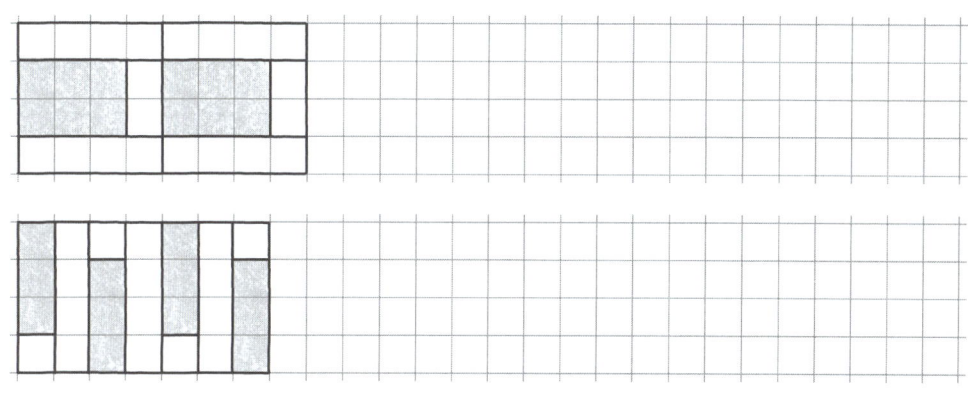

○ **3** Zeichne das Muster ab.

●

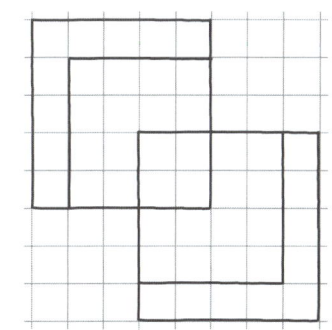
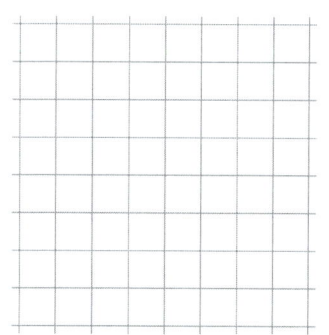

Lehrerbereich

1 Muster gestalten

2 Bandmuster erkennen und regelmäßig fortsetzen

3 Muster erkennen und abzeichnen

Muster zeichnen

4 Setze fort und färbe.

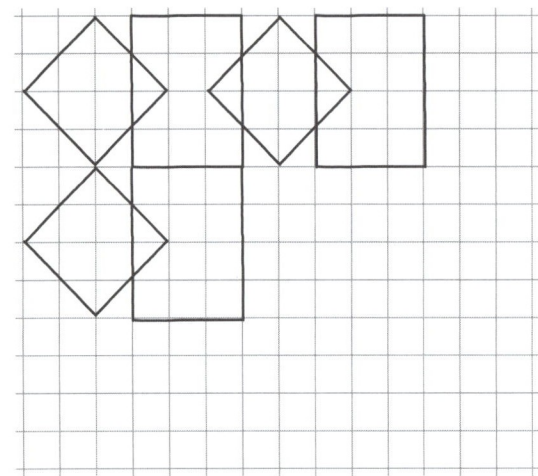

5 Gestalte dein eigenes Bandmuster.

6 Finde in jedem Muster 2 Fehler.

Kreise sie ein.

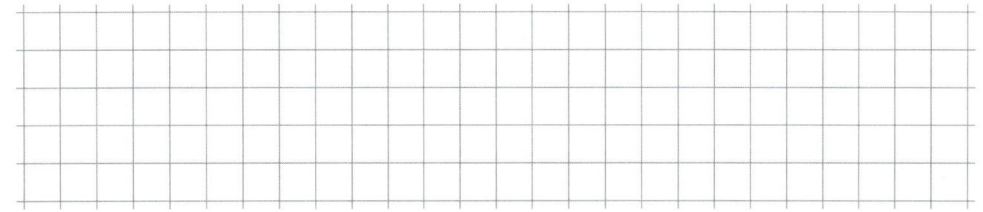

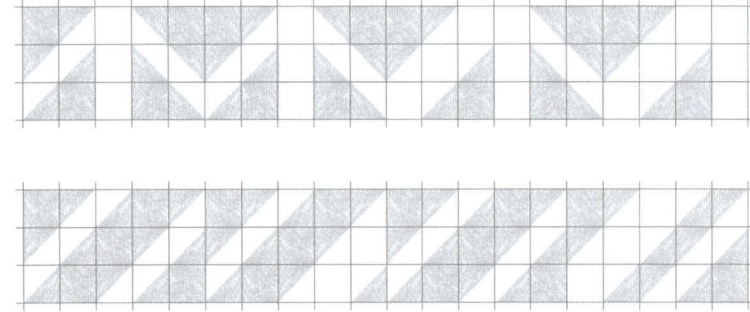

Lehrerbereich

4 Muster erkennen, regelmäßig fortsetzen und färben
5 Eigenes Bandmuster gestalten
6 Fehler in Bandmustern erkennen und kennzeichnen

Plusaufgaben mit Zehnerübergang

○ **1**

4 + 2 = _____   16 + 2 = _____

25 + 4 = _____   33 + 5 = _____

31 + 7 = _____   46 + 3 = _____

16 + 3 = _____   54 + 4 = _____

○ **2** Ergänze bis zum nächsten Zehner.

13 + ____ = 20   46 + ____ = ____   28 + ____ = ____

54 + ____ = ____   96 + ____ = ____   77 + ____ = ____

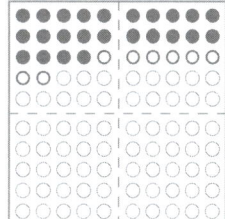

○ **3** Wie rechnest du? Notiere.

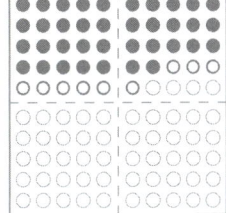

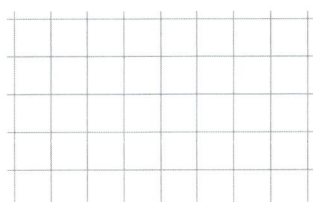

○ **4**

8 + 4 = _____   8 + 3 = _____

16 + 5 = _____   25 + 6 = _____

27 + 6 = _____   38 + 7 = _____

35 + 9 = _____   14 + 8 = _____

Lehrerbereich

1 Additionsaufgaben ohne Zehnerübergang lösen

2 Zahlen bis zum nächsten Zehner ergänzen

3 Additionsaufgaben mit Zehnerübergang notieren und lösen

4 Additionsaufgaben mit Zehnerübergang lösen

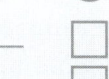
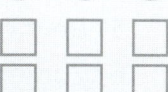

11

Plusaufgaben mit Zehnerübergang

○ **5** Finde Rechenfehler und korrigiere sie.

13 + 8 = 21 ☐   36 + 7 = 42 ☐

47 + 5 = 53 ☐   53 + 8 = 61 ☐

38 + 9 = 48 ☐   68 + 5 = 72 ☐

26 + 5 = 31 ☐   44 + 9 = 55 ☐

◐ **6**

Meine Zahl ist um 6 größer als der Vorgänger von 78.

Der Nachfolger der 47 ist um 5 kleiner als meine Zahl.

Zahl: _____   Zahl: _____

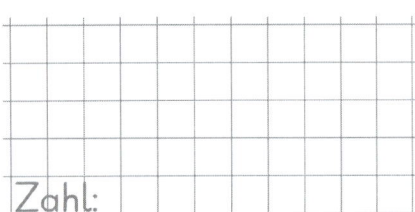

● **7**

Leo macht einen Ausflug an den See. Auf dem Wasser sind 15 Segelboote und 18 Kanuboote zu sehen. Außerdem gibt es halb soviele Tretboote wie Kanuboote.

F: Wie viele Boote sind insgesamt auf dem Wasser?

L:

A:

Lehrerbereich

5 Rechenfehler finden und korrigieren _____ ☐ ☐ ☐

6 Zahlenrätsel lösen _____ ☐ ☐ ☐

7 Sachaufgabe lösen _____ ☐ ☐ ☐

(5)

Minusaufgaben mit Zehnerübergang

Die Aufgaben waren für mich:

○ **1**   14 – 2 = _____   27 – 5 = _____

25 – 4 = _____   49 – 4 = _____

36 – 3 = _____   58 – 7 = _____

○ **2**   Nimm vom vollen Zehner weg.

30 – 5 = _____   40 – 5 = _____

20 – 4 = _____   60 – 4 = _____

50 – 9 = _____   70 – 9 = _____

○ **3**   Wie rechnest du? Notiere.

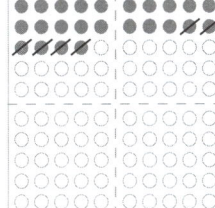

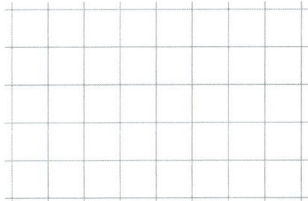

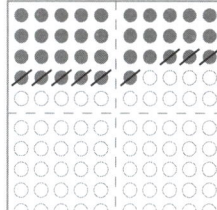

○ **4**   13 – 5 = _____   21 – 2 = _____

23 – 4 = _____   33 – 5 = _____

37 – 9 = _____   24 – 8 = _____

55 – 7 = _____   35 – 6 = _____

Lehrerbereich

1 Subtraktionsaufgaben ohne Zehnerübergang lösen

2 Vom vollen Zehner abziehen

3 Subtraktionsaufgaben mit Zehnerübergang aufschreiben und lösen

4 Subtraktionsaufgaben mit Zehnerübergang lösen

13

Name:

Datum:

Minusaufgaben mit Zehnerübergang

Die Aufgaben waren für mich:

○ 5 Finde Rechenfehler und korrigiere sie.

25 − 8 = 16 ☐   24 − 6 = 18 ☐

36 − 9 = 27 ☐   43 − 8 = 55 ☐

43 − 5 = 38 ☐   38 − 9 = 49 ☐

51 − 7 = 44 ☐   72 − 4 = 68 ☐

◑ 6 Rechne und setze fort.

42 − 3 = ____
42 − 4 = ____
42 − 5 = ____
____ − ____ = ____
____ − ____ = ____

54 − 5 = ____
53 − 6 = ____
52 − 7 = ____
____ − ____ = ____
____ − ____ = ____

● 7

Zur Park-Grundschule gehen insgesamt 93 Kinder.
26 Kinder kommen jeden Tag mit dem Schulbus.
49 fahren Fahrrad.
Der Rest der Schülerinnen und Schüler läuft.

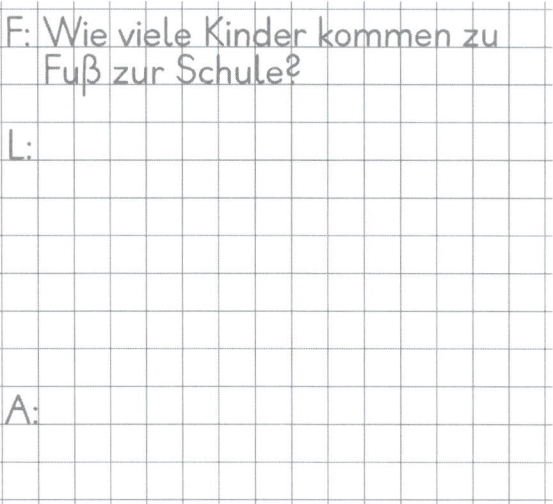

F: Wie viele Kinder kommen zu Fuß zur Schule?

L:

A:

Lehrerbereich

5 Rechenfehler finden und korrigieren

6 Aufgabenrollen lösen, arithmetisches Muster herausfinden und fortführen

7 Sachaufgabe lösen

Plus und Minus mit Zehnerübergang

Die Aufgaben
waren für mich:

○ **1** <, > oder =?

18 + 9 ⬤ 25

33 − 4 ⬤ 29

36 + 8 ⬤ 43

41 − 5 ⬤ 34

22 − 6 ⬤ 19

53 − 4 ⬤ 45

77 + 7 ⬤ 83

49 + 8 ⬤ 57

☺ ☺ ☹
☐ ☐ ☐

○ **2** Löse die Gleichungen.

⬤

_____ + 38 = 44

32 − _____ = 25

_____ − 9 = 53

_____ − 3 = 39

47 + _____ = 52

_____ − 4 = 38

86 + _____ = 93

_____ − 8 = 44

☺ ☺ ☹
☐ ☐ ☐

○ **3**

43 + 40 = _____

55 + 30 = _____

21 + 70 = _____

66 + 20 = _____

49 − 20 = _____

75 − 40 = _____

61 − 50 = _____

86 − 60 = _____

☺ ☺ ☹
☐ ☐ ☐

○ **4** Kontrolliere mit der Umkehraufgabe.

⬤

46 − 20 = _____

_____ + _____ = _____

83 − 40 = _____

_____ + _____ = _____

75 − 6 = _____

_____ + _____ = _____

37 − 9 = _____

_____ + _____ = _____

☺ ☺ ☹
☐ ☐ ☐

Lehrerbereich

☺ ☺ ☹

1 Gleichungen und Ungleichungen lösen, Relationszeichen einsetzen

2 Gleichungen lösen

3 Additions- und Subtraktionsaufgaben mit Zehnerzahlen lösen

4 Subtraktionsaufgaben lösen und mit Umkehraufgabe kontrollieren

☐ ☐ ☐
☐ ☐ ☐
☐ ☐ ☐
☐ ☐ ☐

15

Plus und Minus mit Zehnerübergang

Die Aufgaben waren für mich:

◗ 5

+		5	
48			54
59	62		
67			

−		9	
63	57		
45			38
74			

🙂 🙂 🙁
☐ ☐ ☐

◗ 6

4 + __ + __
+ __ + __ + __
3 + 33
+ __ + 46

44 + 4 + __
+ __ + __ + __
+ 3
+ __ + 58

🙂 🙂 🙁
☐ ☐ ☐

◗ 7

Meine Zahl ist um 9 größer als der Vorgänger von 76.

_____

Verdoppelst du meine Zahl und ziehst 5 ab, erhälst du 15.

_____

🙂 🙂 🙁
☐ ☐ ☐

● 8

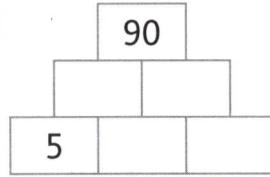

90

5

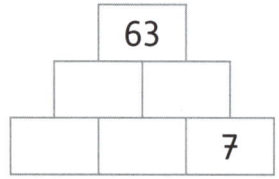

63

7

🙂 🙂 🙁
☐ ☐ ☐

Name: _____

Datum: _____

Plus und Minus ohne Zehnerübergang

○ 1 Schreibe die Aufgaben und löse.

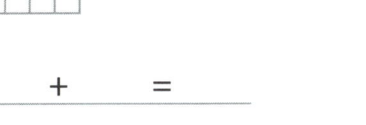

_____ + _____ = _____

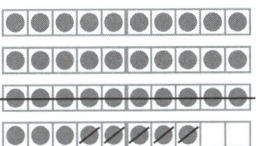

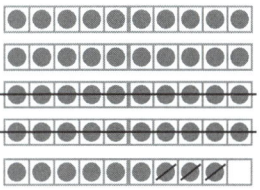

_____ − _____ = _____   _____ − _____ = _____

○ 2 Wie rechnest du? Notiere.

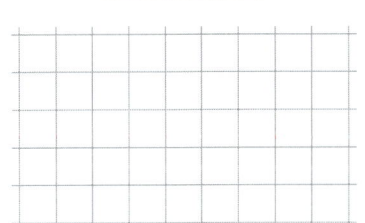

24 + 25

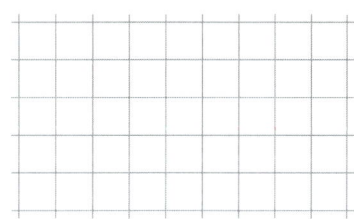

68 − 32

○ 3

46 + 21 = _____   38 − 23 = _____

33 + 45 = _____   55 − 31 = _____

12 + 57 = _____   97 − 46 = _____

Lehrerbereich

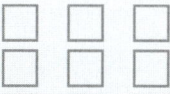

1 Aufgaben notieren und lösen _____

2 Rechenweg individuell anwenden und notieren _____

3 Additions- und Subtraktionsaufgaben lösen _____

17

Plus und Minus ohne Zehnerübergang

◔ 4

38 + 1 = ___

47 + 2 = ___

56 + 3 = ___

65 + 4 = ___

___ + ___ = ___

___ + ___ = ___

___ + ___ = ___

99 − 72 = ___

98 − 62 = ___

97 − 52 = ___

96 − 42 = ___

___ − ___ = ___

___ − ___ = ___

___ − ___ = ___

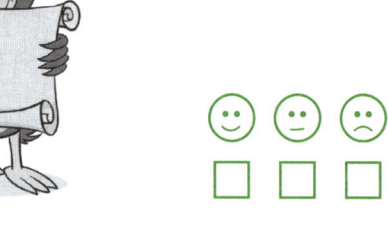

:) :| :(
☐ ☐ ☐

◔ 5

Im Freizeitpark sind heute
98 Gäste. Davon sind
23 erwachsene Frauen
und 31 erwachsene
Männer.

F: Wie viele Kinder sind im
   Freizeitpark?

L:

A:

:) :| :(
☐ ☐ ☐

● 6 Rechne. Finde weitere Aufgaben, die du lösen kannst,
ohne noch einmal zu rechnen. Erkläre die Zusammenhänge.

51 + 35

48 − 26

:) :| :(
☐ ☐ ☐

Lehrerbereich

4 Aufgabenrollen bearbeiten, Muster erkennen und fortsetzen

5 Sachaufgabe lösen

6 Aufgaben lösen, Rechenstrategien herausfinden und begründen

:) :| :(
☐ ☐ ☐
☐ ☐ ☐
☐ ☐ ☐

Meter und Zentimeter

Die Aufgaben waren für mich:

○ **1** Miss mit dem Lineal. Schreibe die Länge der Stifte in Zentimeter auf.

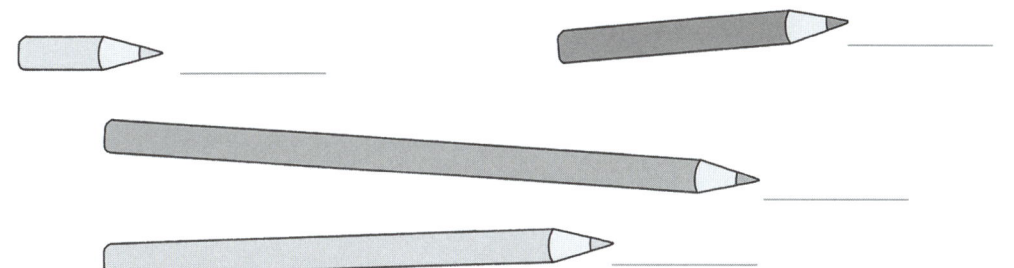

😊 😐 ☹️
☐ ☐ ☐

○ **2** Zeichne die Strecken.

● 6 cm

3 cm

8 cm

5 cm

😊 😐 ☹️
☐ ☐ ☐

○ **3** Ordne nach der Länge. Beginne mit der kürzesten Länge.

| 2 m 25 cm | 87 cm | 10 m | 5 m 32 cm |

_____

●

😊 😐 ☹️
☐ ☐ ☐

○ **4** 6 m + 34 cm = 6 m 34 cm   4 m 57 cm + 6 cm = 4 m 63 cm

8 m + 58 cm = _____   5 m 37 cm + 5 cm = _____

3 m + 60 cm = _____   3 m 44 cm + 7 cm = _____

9 m + 99 cm = _____   8 m 23 cm + 9 cm = _____

😊 😐 ☹️
☐ ☐ ☐

Lehrerbereich

😊 😐 ☹️

1 Längen messen _____ ☐ ☐ ☐

2 Strecken mit Lineal zeichnen _____ ☐ ☐ ☐

3 Längen der Größe nach ordnen _____ ☐ ☐ ☐

4 Längen in gemischter Schreibweise notieren ___ ☐ ☐ ☐

19

Meter und Zentimeter

○ **5** Was passt zusammen? Verbinde.

Breite der Tür	Länge eines Linienbusses	Länge eines Bleistiftes	Breite eines Fingernagels

☺ ☺ ☹
☐ ☐ ☐

10 cm	1 cm	1 m	10 m

◒ **6** Wie lang ist die Gesamtstrecke?

Miss die einzelnen Strecken und rechne.

☺ ☺ ☹
☐ ☐ ☐

● **7**

Annes Zimmerwand ist 5 m 90 cm lang. Ihr Schrank ist 1 m 50 cm breit, ihr Schreibtisch ist 2 m breit und ihre Kommode ist 1 m 20 cm breit.

F: Wie viel freier Zwischenraum bleibt übrig, wenn alle Möbel an der Wand stehen?

L:

A:

☺ ☺ ☹
☐ ☐ ☐

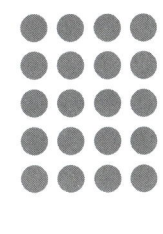

Name: _____

Datum: _____

Malnehmen und Teilen

○ **1** Finde die Malaufgabe und rechne.

_____ · _____ = _____   _____ · _____ = _____   _____ · _____ = _____

🙂 😐 🙁
☐ ☐ ☐

○ **2** Immer 3.

_____ : _____ = _____

🙂 😐 🙁
☐ ☐ ☐

○ **3** Verteile und rechne.

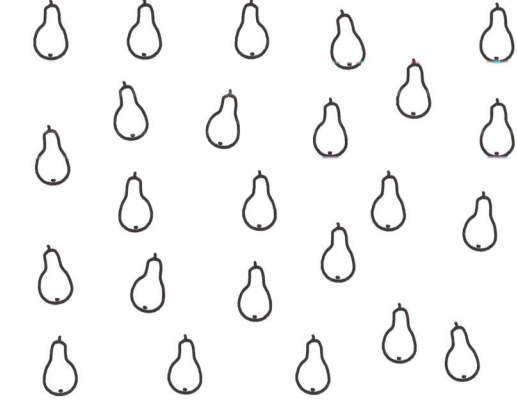
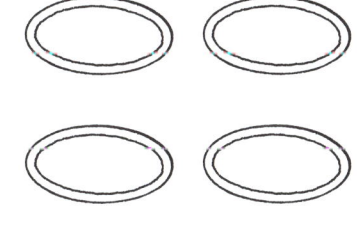

_____ : _____ = _____

🙂 😐 🙁
☐ ☐ ☐

Lehrerbereich

🙂 😐 🙁

1 Multiplikationsaufgaben zu Punktebildern notieren und lösen   ☐ ☐ ☐
2 Aufteilen, Divisionsaufgabe notieren und lösen   ☐ ☐ ☐
3 Verteilen, Divisionsaufgabe notieren und lösen   ☐ ☐ ☐

Malnehmen und Teilen

Die Aufgaben waren für mich:

4 Verteile 24 Kinogutscheine an ...

8 Kinder.	4 Kinder.	6 Kinder.

☺ ☺ ☹
☐ ☐ ☐

5 In jede Schüssel 6 Stück. Teile auf.

36 Murmeln	18 Steine	24 Muscheln

●

☺ ☺ ☹
☐ ☐ ☐

6 Frage, löse und antworte. Nutze eine Skizze oder eine Tabelle.

Am Sportunterricht nehmen weniger als 20 Kinder teil. Es können 3er- und 5er-Gruppen gebildet werden. Bei 4er-Gruppen bleiben 3 Kinder übrig.

F:

●

☺ ☺ ☹
☐ ☐ ☐

Lehrerbereich

☺ ☺ ☹

4 <u>Divisionsaufgabe durch Verteilen rechnerisch lösen</u>   ☐ ☐ ☐

5 <u>Divisionsaufgabe durch Aufteilen rechnerisch lösen</u>   ☐ ☐ ☐

6 <u>Sachaufgabe lösen</u>   ☐ ☐ ☐

Name: _____

Datum: _____

Umkehraufgaben und Aufgabenfamilien

Die Aufgaben
waren für mich:

○ **1** Kreise ein und rechne. Kontrolliere mit der Umkehraufgabe.

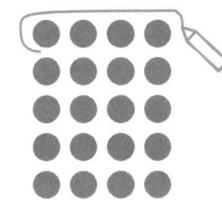  

_____ : _____ = _____   _____ : _____ = _____   _____ : _____ = _____

_____ • _____ = _____   _____ • _____ = _____   _____ • _____ = _____

☺ ☻ ☹
☐ ☐ ☐

● ○ **2** Zeichne Punktebilder. Rechne Aufgabe und Umkehraufgabe.

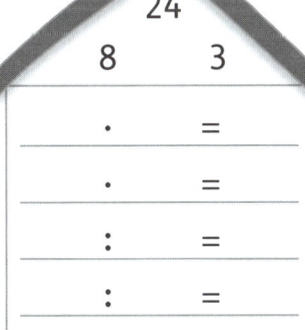   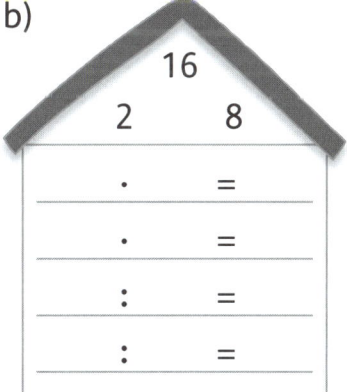

21 : 7 = _____   20 : 5 = _____

_____ • _____ = _____   _____ • _____ = _____

☺ ☻ ☹
☐ ☐ ☐

○ **3** a)   b)

●

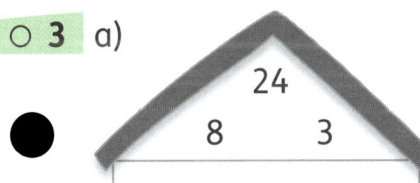   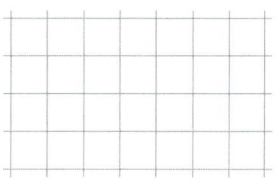

24   **16**

8   3   2   8

_____ • _____ = _____   _____ • _____ = _____

_____ • _____ = _____   _____ • _____ = _____

_____ : _____ = _____   _____ : _____ = _____

_____ : _____ = _____   _____ : _____ = _____

☺ ☻ ☹
☐ ☐ ☐

Lehrerbereich

☺ ☻ ☹

1 Plättchen einkreisen, Aufgabe lösen, mit Umkehraufgabe kontrollieren   ☐ ☐ ☐

2 Punktebilder zeichnen, Aufgabe lösen, mit Umkehraufgabe kontrollieren   ☐ ☐ ☐

3 Aufgabenfamilien bilden   ☐ ☐ ☐

23

Name: _____

Datum: _____

Umkehraufgaben und Aufgabenfamilien

 4 Rechne Aufgabe und Umkehraufgabe.

_____ : _____ = _____   _____ : _____ = _____

6 · 4 = _____   9 · 8 = _____

_____ : _____ = _____   _____ : _____ = _____

7 · 2 = _____   3 · 4 = _____

😊 😐 ☹️
☐ ☐ ☐

5 Schreibe Aufgabenfamilien.

a)
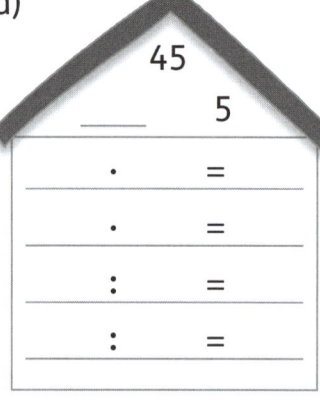

45

_____ 5

_____ · _____ = _____

_____ · _____ = _____

_____ : _____ = _____

_____ : _____ = _____

b)
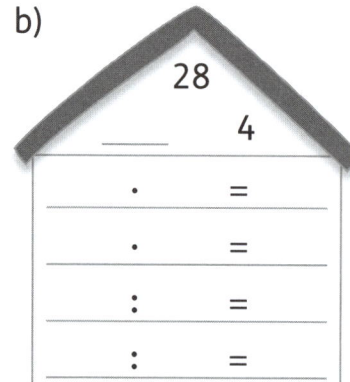

28

_____ 4

_____ · _____ = _____

_____ · _____ = _____

_____ : _____ = _____

_____ : _____ = _____

😊 😐 ☹️
☐ ☐ ☐

● **6** Finde eigene Aufgabenfamilien.

a)
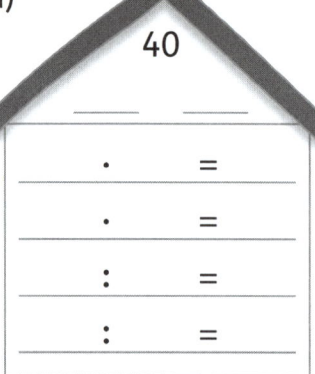

40

_____ _____

_____ · _____ = _____

_____ · _____ = _____

_____ : _____ = _____

_____ : _____ = _____

b)
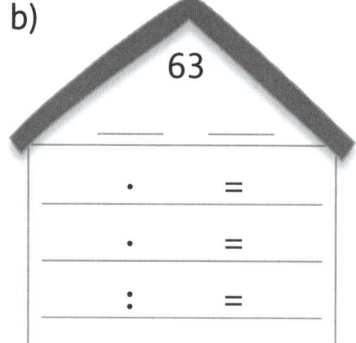

63

_____ _____

_____ · _____ = _____

_____ · _____ = _____

_____ : _____ = _____

_____ : _____ = _____

😊 😐 ☹️
☐ ☐ ☐

Lehrerbereich

😊 😐 ☹️

4 Divisionsaufgabe aus Multiplikation herleiten und lösen _____ ☐ ☐ ☐

5 Aufgabenfamilien bilden _____ ☐ ☐ ☐

6 Eigene Aufgabenfamilien finden _____ ☐ ☐ ☐

Einmaleins mit 0, 1, 10, 5 und 2

Name: _____

Datum: _____

Die Aufgaben waren für mich:

○ **1** Wie viele? Notiere die Aufgabe und rechne.

_____ · _____ = _____

_____ · _____ = _____

○ **2** Rechne Aufgabe und Tauschaufgabe.

●

| 9 · 2 | 10 · 4 | 8 · 5 |

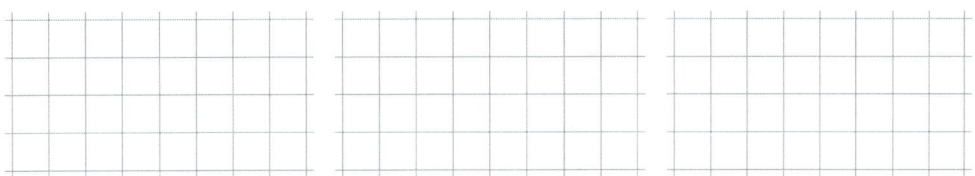

○ **3**

1 · 2 = _____	1 · 10 = _____	1 · 5 = _____
2 · 2 = _____	2 · 10 = _____	2 · 5 = _____
3 · 2 = _____	3 · 10 = _____	3 · 5 = _____
4 · 2 = _____	4 · 10 = _____	4 · 5 = _____
5 · 2 = _____	5 · 10 = _____	5 · 5 = _____
● 6 · 2 = _____	6 · 10 = _____	6 · 5 = _____
7 · 2 = _____	7 · 10 = _____	7 · 5 = _____
8 · 2 = _____	8 · 10 = _____	8 · 5 = _____
9 · 2 = _____	9 · 10 = _____	9 · 5 = _____
10 · 2 = _____	10 · 10 = _____	10 · 5 = _____

Lehrerbereich

1 Multiplikationsaufgaben zu Bildern notieren und lösen
2 Aufgaben und Tauschaufgaben notieren und lösen
3 Multiplikationsaufgaben mit 2, 5 und 10 lösen

25

Einmaleins mit 0, 1, 10, 5 und 2

4 a)

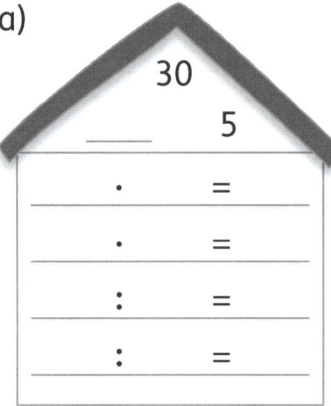

30

_____   5

· _____ = _____

· _____ = _____

: _____ = _____

: _____ = _____

b)

18

2   _____

· _____ = _____

· _____ = _____

: _____ = _____

: _____ = _____

😊 😐 ☹
☐ ☐ ☐

●

5 Trage die fehlenden Zahlen ein.

·		5	10
2	8		
5			

·			0
4	16		
5		5	

😊 😐 ☹
☐ ☐ ☐

6 Immer 20.

Färbe Punkte für verschiedene Malaufgaben.

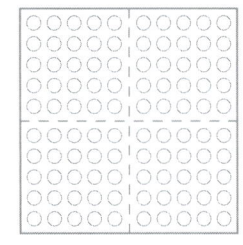

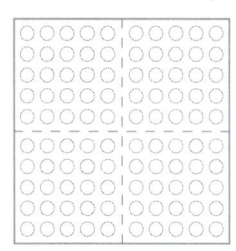

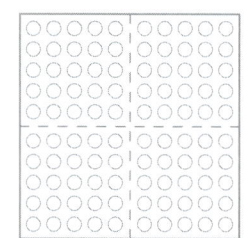

_____ · _____ = 20

_____ · _____ = 20

_____ · _____ = 20

●

😊 😐 ☹
☐ ☐ ☐

Name: _____

Datum: _____

Malaufgaben üben

○ 1 Verdopple.

$2 \cdot 8$	$3 \cdot 3$	$5 \cdot 6$

🙂 😐 🙁
☐ ☐ ☐

○ 2 Halbiere.

$10 \cdot 4$	$8 \cdot 2$	$2 \cdot 9$

🙂 😐 🙁
☐ ☐ ☐

○ 3

$6 \cdot 6 =$ _____

$4 \cdot 4 =$ _____

$8 \cdot 8 =$ _____

$3 \cdot 3 =$ _____

$9 \cdot$ _____ $= 81$

$5 \cdot$ _____ $= 25$

$2 \cdot$ _____ $= 4$

$7 \cdot$ _____ $= 49$

🙂 😐 🙁
☐ ☐ ☐

○ 4 Welche Zahlen sind gerade? Welche Zahlen sind ungerade?

52	33	81	17	44

gerade: _____

ungerade: _____

🙂 😐 🙁
☐ ☐ ☐

Lehrerbereich

🙂 😐 🙁

1 Multiplikationsaufgaben verdoppeln _____ ☐ ☐ ☐

2 Multiplikationsaufgaben halbieren _____ ☐ ☐ ☐

3 Aufgaben mit Quadratzahlen lösen _____ ☐ ☐ ☐

4 Gerade und ungerade Zahlen erkennen und notieren _____ ☐ ☐ ☐

27

Name: _____

Datum: _____

Malaufgaben üben

● 5

$6 \cdot \underline{\hspace{1cm}} = 30$ $49 : \underline{\hspace{1cm}} = 7$

$8 \cdot \underline{\hspace{1cm}} = 64$ $\underline{\hspace{1cm}} : 5 = 4$

$\underline{\hspace{1cm}} \cdot 9 = 18$ $\underline{\hspace{1cm}} : 8 = 5$

$\underline{\hspace{1cm}} \cdot 9 = 45$ $81 : \underline{\hspace{1cm}} = 9$

$3 \cdot \underline{\hspace{1cm}} = 15$ $25 : \underline{\hspace{1cm}} = 5$

● 6 Löse immer zuerst die Quadrataufgabe.

$3 \cdot 3 = \underline{\hspace{1cm}}$ $6 \cdot 6 = \underline{\hspace{1cm}}$ $8 \cdot 8 = \underline{\hspace{1cm}}$

$4 \cdot 3 = \underline{\hspace{1cm}}$ $7 \cdot 6 = \underline{\hspace{1cm}}$ $9 \cdot 8 = \underline{\hspace{1cm}}$

$9 \cdot 9 = \underline{\hspace{1cm}}$ $5 \cdot 5 = \underline{\hspace{1cm}}$ $7 \cdot 7 = \underline{\hspace{1cm}}$

$8 \cdot 9 = \underline{\hspace{1cm}}$ $4 \cdot 5 = \underline{\hspace{1cm}}$ $6 \cdot 7 = \underline{\hspace{1cm}}$

● 7 Löse die Zahlenrätsel.

Wenn ich meine Zahl mit 4 malnehme, dann erhalte ich die Hälfte von 16. _____	Meine Zahl ist das Doppelte der Hälfte des Ergebnisses von 5 · 4. _____

● 8

Die gesuchte Zahl ist die Hälfte von der Quadratzahl von 8. _____	Die gesuchte Zahl ist eine gerade Quadratzahl. Sie ist durch 10 teilbar. _____

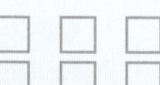

Lehrerbereich

5 Multiplikations- und Divisionsaufgaben lösen

6 Benachbarte Aufgaben durch Quadrataufgaben lösen

7 Zahlenrätsel zum Verdoppeln und Halbieren lösen

8 Zahlenrätsel zu Quadratzahlen lösen

28

Name: _____

Datum: _____

Symmetrische Figuren

○ **1** Zeichne das Spiegelbild.

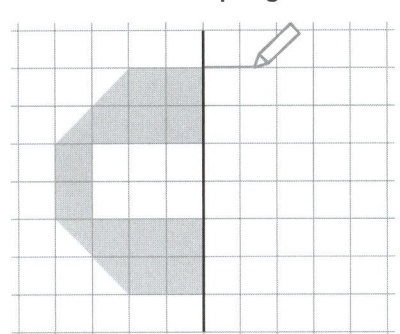 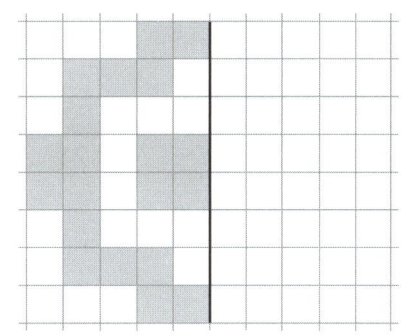

○ **2** Zeichne das Spiegelbild.

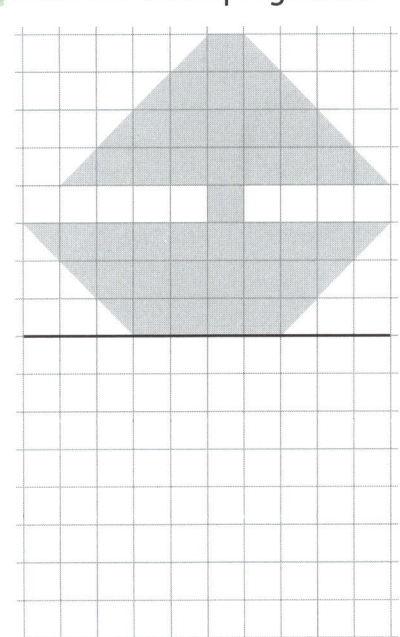 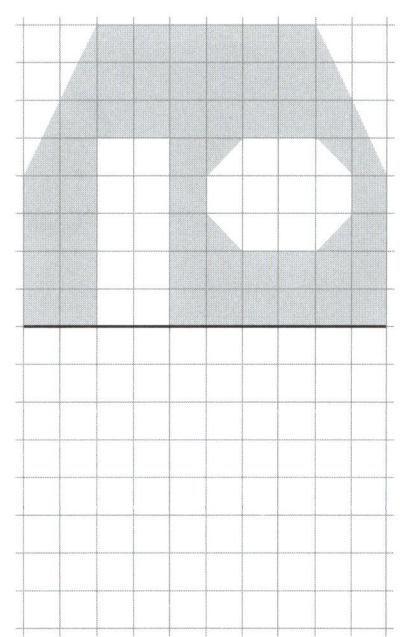

Lehrerbereich

1 Spiegelbilder an vertikaler Spiegelachse zeichnen

2 Spiegeldbilder an horizontaler Spiegelachse zeichnen

29

Symmetrische Figuren

Die Aufgaben waren für mich:

3 Welches Spiegelbild passt? Kreuze an.

  ☐  ☐  ☐

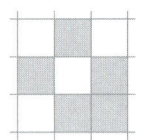 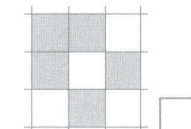 ☐ 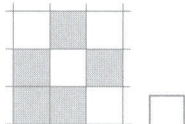 ☐ 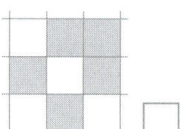 ☐

4 Richtig ☑ oder falsch ☐?

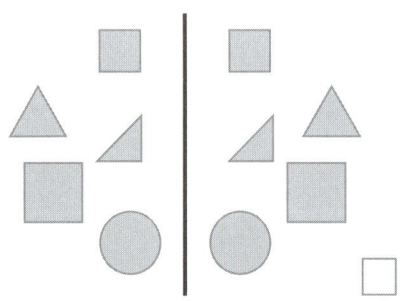 ☐  ☐

5 Zeichne alle Spiegelachsen mit Lineal ein.

Lehrerbereich

3 Korrektes Spiegelbild finden
4 Spiegelbilder auf Korrektheit untersuchen
5 Spiegelachsen einzeichnen

30

Einmaleins mit 4, 8, 3, 6, 9 und 7

Die Aufgaben
waren für mich:

○ **1**

4 · 3 = _____	8 · 6 = _____	6 · 9 = _____
6 · 8 = _____	9 · 3 = _____	7 · 7 = _____
7 · 6 = _____	8 · 8 = _____	6 · 3 = _____
4 · 9 = _____	3 · 7 = _____	7 · 4 = _____
3 · 8 = _____	6 · 7 = _____	4 · 8 = _____
8 · 4 = _____	9 · 6 = _____	3 · 4 = _____

6 · 6 = _____	9 · 8 = _____	7 · 3 = _____
4 · 7 = _____	8 · 7 = _____	8 · 9 = _____
● 9 · 9 = _____	3 · 3 = _____	8 · 3 = _____
3 · 6 = _____	6 · 4 = _____	7 · 9 = _____
7 · 8 = _____	9 · 7 = _____	4 · 6 = _____
9 · 4 = _____	4 · 4 = _____	3 · 9 = _____

☺ ☺ ☹
☐ ☐ ☐

○ **2**

·	3	6	9
2			
1			
5			

·	7	5	0
4			
2			
3			

·	6	8	10
0			
3			
10			

·	4	1	2
5			
2			
9			

● (links)

☺ ☺ ☹
☐ ☐ ☐

Lehrerbereich

☺ ☺ ☹

1 Multiplikationsaufgaben zum Einmaleins mit 3, 4, 6, 7, 8 und 9 lösen   ☐ ☐ ☐
2 Rechentabellen mithilfe der Multiplikation bearbeiten   ☐ ☐ ☐

Name: _____

Datum: _____

Einmaleins mit 4, 8, 3, 6, 9 und 7

Die Aufgaben waren für mich:

3

Meine Zahl ist 6-mal so groß wie die Zahl 3.

Zahl:_____

Meine Zahl gehört zum Einmaleins mit 7 und 5.

Zahl:_____

4 Rechne und setze fort. Verbinde die Karten.

$9 \cdot 6 = $____
$8 \cdot 6 = $____
$7 \cdot 6 = $____
$6 \cdot 6 = $____
____ $\cdot$ ____ $= $____
____ $\cdot$ ____ $= $____
____ $\cdot$ ____ $= $____

Die 2. Zahl		Das Ergebnis
Die 1. Zahl		bleibt gleich.

wird immer _____ kleiner.

wird immer _____ kleiner.

5 Lea hat 7 Stifte. Luca hat 3-mal so viele Stifte wie Lea.

Wie viele Stifte haben sie zusammen?

L:

A:

Lehrerbereich

3 Zahlenrätsel lösen

4 Aufgabenrolle lösen, arithmetisches Muster erkennen und fortsetzen

5 Sachaufgabe zur Multiplikation lösen

Name: _____

Datum: _____

Malaufgaben üben

○ 1 Setze aus Kernaufgaben zusammen.

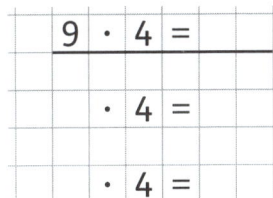

$9 \cdot 4 =$
$\quad \cdot 4 =$
$\quad \cdot 4 =$

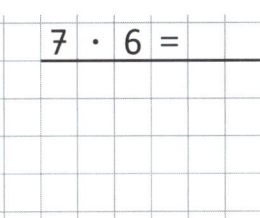

$7 \cdot 6 =$

$3 \cdot 7 =$

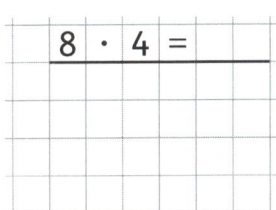

$8 \cdot 4 =$

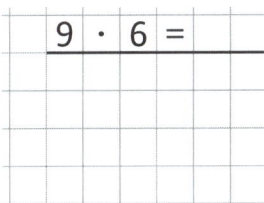

$9 \cdot 6 =$

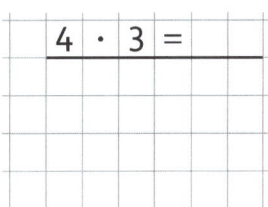

$4 \cdot 3 =$

○ 2

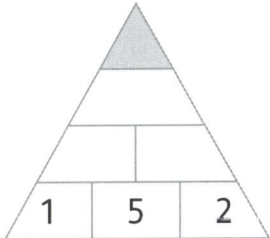

1 | 5 | 2

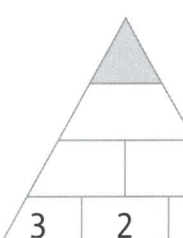

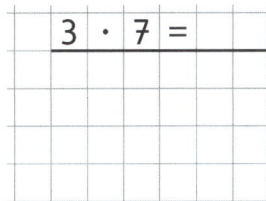

3 | 2 | 4

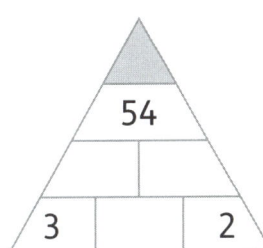

54

3 | 2

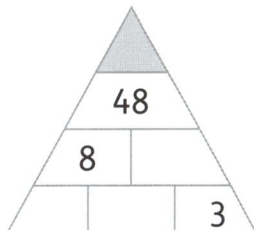

48

8

3

Name: _____

Datum: _____

Malaufgaben üben

Die Aufgaben
waren für mich:

⊖ 3 Wie viele Hunde und wie viele Menschen sind es?

| Sie haben zusammen 8 Köpfe und 22 Beine. | Sie haben zusammen 5 Köpfe und 18 Beine. |

L: _____

A: _____

L: _____

A: _____

●

😊 😐 ☹
☐ ☐ ☐

● 4

| Die Zahl liegt zwischen 41 und 50. Sie ist Vielfaches von 2, 6 und 8, jedoch nicht von 7. _____ | Die Zahl liegt zwischen 20 und 30. Sie ist gerade und durch 7 teilbar. _____ |

Die Zahl liegt zwischen
60 und 70. Sie ist kein
Vielfaches von 6, jedoch
Teil der 9er-Reihe. _____

●

😊 😐 ☹
☐ ☐ ☐

Lehrerbereich

😊 😐 ☹

3 Aufgaben durch Probieren lösen _____ ☐ ☐ ☐
4 Zahlenrätsel lösen _____ ☐ ☐ ☐

Name: _____   Datum: _____

Teilen mit Rest

Die Aufgaben
waren für mich:

○ 1 Immer 8 Kirschen in 1 Schale. Wie viele bleiben übrig?

26 : ___ = ___ R

○ 2 Immer 3.   Immer 5.

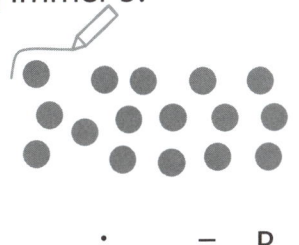   

___ : ___ = ___ R   ___ : ___ = ___ R

○ 3 Verteile gerecht. Zeichne und rechne.

22 : ___ = ___ R

○ 4
24 : 3 = _____
25 : 3 = _____
26 : 3 = _____
27 : 3 = _____

32 : 4 = _____
33 : 4 = _____
34 : 4 = _____
35 : 4 = _____

Lehrerbereich

1 Divisionsaufgabe mit Rest durch Aufteilen lösen _____
2 Divisionsaufgabe mit Rest durch Aufteilen lösen _____
3 Divisionsaufgabe mit Rest durch Verteilen lösen _____
4 Divisionsaufgaben mit Rest lösen _____

35

Teilen mit Rest

Die Aufgaben
waren für mich:

5 Max hat 40 Karten. Er verteilt sie an 6 Kinder.

Wie viele Karten bekommt jedes Kind?

L:

A:

🙂 😐 🙁
☐ ☐ ☐

6 Die Hühner von Bauer Schmidt haben gestern 24 Eier und

heute 23 Eier gelegt. Immer 6 Eier kommen in eine Schachtel.

Wie viele Schachteln werden voll?

L:

A:

🙂 😐 🙁
☐ ☐ ☐

7 In ein Boot der Wildwasserbahn passen 5 Personen.

In der Warteschlange stehen 11 Erwachsene und 32 Kinder.

Wie viele Boote müssen fahren?

L:

A:

🙂 😐 🙁
☐ ☐ ☐

Lehrerbereich

🙂 😐 🙁

5 Sachaufgabe zur Division mit Rest lösen _____ ☐ ☐ ☐

6 Sachaufgabe zur Division mit Rest lösen _____ ☐ ☐ ☐

7 Komplexe Sachaufgabe zur Division mit Rest lösen _____ ☐ ☐ ☐

Name: _____

Datum: _____

Zeitpunkt und Zeitspanne

Die Aufgaben waren für mich:

○ **1**

_____Uhr _____Uhr _____Uhr

_____Uhr _____Uhr _____Uhr

○ **2**

●

4.15 Uhr _____ Uhr 7.45 Uhr

_____Uhr 13.30 Uhr _____Uhr

○ **3**

| abends | morgens | nachmittags |

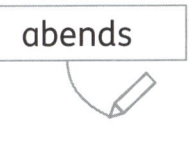

| 14:30 | 19:45 | 07:15 |

●

○ **4** Wie lange ist Tom in der Schule?

_____ Uhr _____h → _____Uhr

Lehrerbereich

1 Uhrzeiten an analogen Uhren ablesen

2 Uhrzeiten in analoge Uhren eintragen

3 Uhrzeiten zur Tageszeit zuordnen

4 Uhrzeiten ablesen, Zeitspanne bestimmen

37

Zeitpunkt und Zeitspanne

○ **5**

 ——— h ——→

 ——— min ——→

:) :| :(
□ □ □

◑ **6**

17.00 Uhr	5 h →	_____ Uhr
8.45 Uhr	30 min →	_____ Uhr
_____ Uhr	6 h →	13.30 Uhr
_____ Uhr	15 min →	19.45 Uhr

:) :| :(
□ □ □

● **7** Es ist 17.00 Uhr. Wie spät ist es in 6 Stunden?

_____

Es ist 16.15 Uhr. Wie spät ist es in einer Dreiviertelstunde?

_____

Es ist 3.30 Uhr. Wie spät war es vor einer halben Stunde?

_____

Es ist 2.30 Uhr. Wie spät war es vor 5 Stunden und 30 Minuten?

:) :| :(
□ □ □

_____

Lehrerbereich

:) :| :(

5 Zeitspannen bestimmen _____ □ □ □
6 Beginn und Ende anhand von Zeitspannen bestimmen _____ □ □ □
7 Aus Textaufgaben Informationen entnehmen und Uhrzeiten bestimmen ___ □ □ □

38

Raumgeometrie

○ **1** Wie heißen die Körper? Verbinde.

   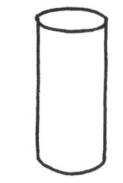

| Quader | Zylinder | Kugel |

☺ ☺ ☹
☐ ☐ ☐

○ **2** Schreibe die Baupläne. Wie viele Würfel sind es?

●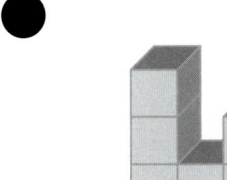

| | | |

_____ Würfel   _____ Würfel   _____ Würfel

☺ ☺ ☹
☐ ☐ ☐

○ **3** Verbinde.

●

| von links | von vorn | von rechts | von hinten |

☺ ☺ ☹
☐ ☐ ☐

Lehrerbereich

☺ ☺ ☹

1 Geometrische Körper benennen _____ ☐ ☐ ☐
2 Baupläne zeichnen, Würfelanzahlen bestimmen _____ ☐ ☐ ☐
3 Ansichten den verschiedenen Perspektiven zuordnen _____ ☐ ☐ ☐

Name: _____   Datum: _____

Raumgeometrie

4 Schreibe die Baupläne. Wie viele Würfel sind es?

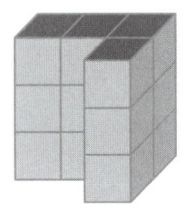   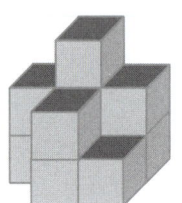   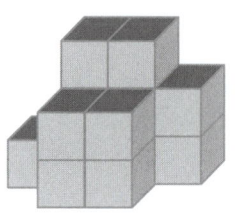

_____ Würfel   _____ Würfel   _____ Würfel

☺ 😐 ☹
☐ ☐ ☐

●

5 Zeichne die Ansichten.

   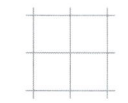

von rechts   von hinten

☺ 😐 ☹
☐ ☐ ☐

6 Wer bin ich? Verbinde.

| Ich kann rollen, aber nicht kippen. | Ich habe 6 gleich große Flächen. | Ich habe 2 Kanten und keine Ecken. |

●

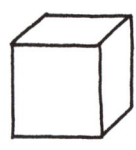         

☺ 😐 ☹
☐ ☐ ☐

Lehrerbereich

☺ 😐 ☹

4 Baupläne zeichnen, Würfelanzahlen bestimmen _____   ☐ ☐ ☐
5 Ansichten aus verschiedenen Perspektiven zeichnen   ☐ ☐ ☐
6 Körper und deren Eigenschaften zuordnen _____   ☐ ☐ ☐

40

Name:

Datum:

Plusaufgaben mit Zehnerübergang

○ **1** Schreibe Plusaufgaben und löse.

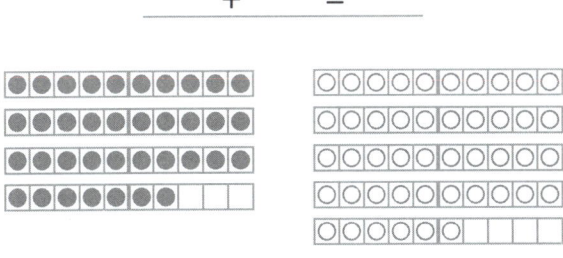 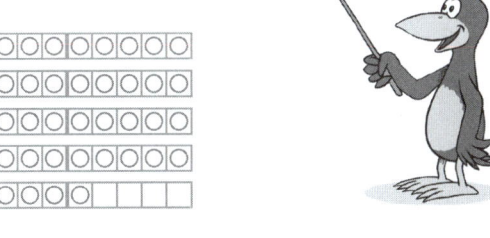 

_____ + _____ = _____

_____ + _____ = _____

○ **2**

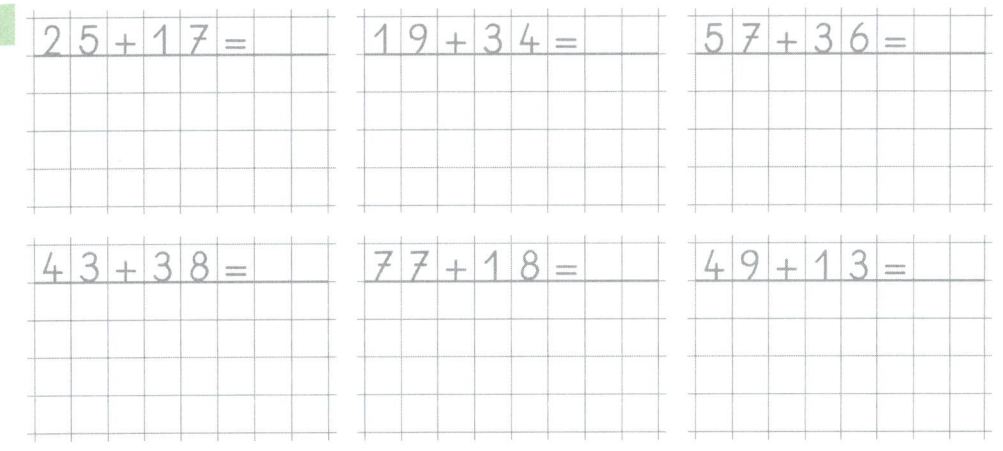

25 + 17 =

19 + 34 =

57 + 36 =

43 + 38 =

77 + 18 =

49 + 13 =

○ **3**

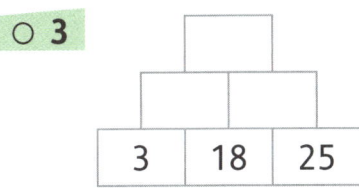

3 | 18 | 25

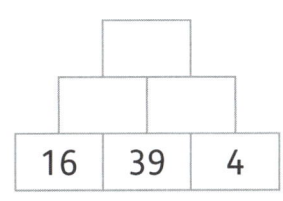

16 | 39 | 4

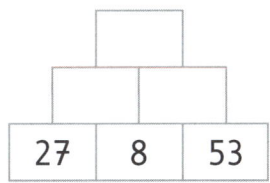

27 | 8 | 53

Lehrerbereich

1 Additionsaufgaben ablesen, notieren und lösen

2 Additionsaufgaben lösen und Rechenwegweg notieren

3 Zahlenmauern durch Addition lösen

41

Plusaufgaben mit Zehnerübergang

○ 4 Finde Rechenfehler und korrigiere sie.

46 + 27 = 73 ☐	44 + 28 = 72 ☐
53 + 39 = 92 ☐	26 + 45 = 72 ☐
28 + 63 = 81 ☐	19 + 48 = 67 ☐
77 + 18 = 95 ☐	32 + 19 = 53 ☐

◔ 5

+		19	57
17	22		
36			

+	36	48	
25			
48			57

◔ 6

46 +   59
+   +   +
17 + 18
+

38 +   54
+   +   +
14 + 19
+

● 7 Finde das Muster. Löse und setze fort.

48 + 35 (<) 85
48 + 36 ( ) 85
48 + 37 ( ) 85
____ +   ( )
____ +   ( )

15 + ____ < 74
16 + ____ < 74
17 + ____ = 74
____ +   >
____ +   >

Lehrerbereich

		☺	😐	☹
4	Rechenfehler finden und korrigieren	☐	☐	☐
5	Additions- und Subtraktionsaufgaben in Rechentabellen lösen	☐	☐	☐
6	Rabomaten lösen	☐	☐	☐
7	Aufgabenrollen bearbeiten, Muster entdecken und fortführen	☐	☐	☐

Name: _____

Datum: _____

Minusaufgaben mit Zehnerübergang

○ **1** Schreibe Minusaufgaben und löse.

_____ – _____ = _____   _____ – _____ = _____

○ **2** Wie rechnest du?

Notiere deinen Rechenweg.

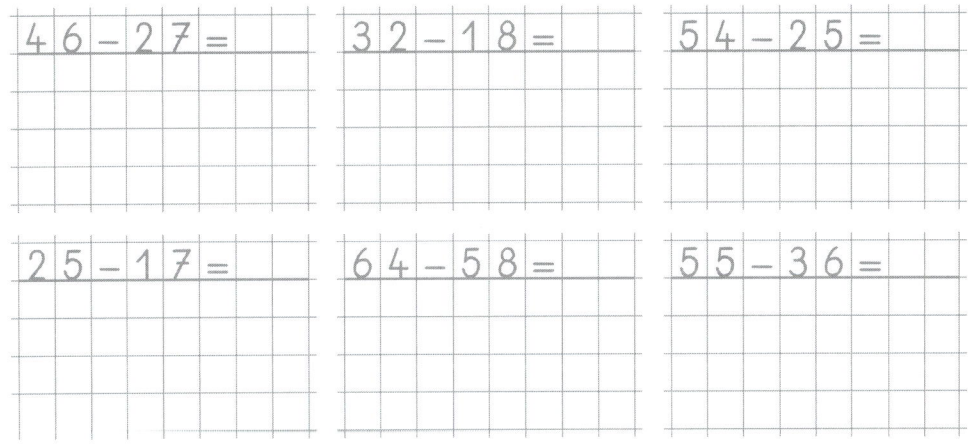

| 46 – 27 = | 32 – 18 = | 54 – 25 = |
| 25 – 17 = | 64 – 58 = | 55 – 36 = |

○ **3**

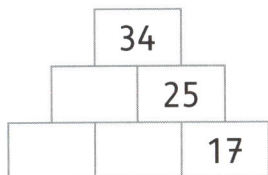

34			76			81	
	25			48		44	
		17			23	19	

Lehrerbereich

1 Subtraktionsaufgaben ablesen, notieren und lösen
2 Subtraktionsaufgaben lösen und Rechenwegweg notieren
3 Zahlenmauern durch Subtraktion bzw. Ergänzen lösen

Name: _____   Datum: _____

Minusaufgaben mit Zehnerübergang

○ **4** Finde Rechenfehler und korrigiere sie.

43 − 27 = 16 ☐   76 − 27 = 49 ☐

73 − 39 = 44 ☐   53 − 34 = 19 ☐

38 − 19 = 18 ☐   88 − 29 = 69 ☐

77 − 18 = 59 ☐   37 − 18 = 18 ☐

◖ **5** <, > oder =?

18 − 9 ● 7   33 − 25 ● 12

23 − 14 ● 5   67 − 39 ● 28

36 − 18 ● 18   32 − 14 ● 18

47 − 38 ● 8   76 − 48 ● 29

● **6** Setze fort und rechne.

| Die erste Zahl wird immer um 2 größer. Die zweite Zahl wird immer um 4 größer. | Die erste Zahl wird immer um 3 größer, die zweite Zahl wird um 2 kleiner, die dritte Zahl wird immer um 1 größer. |

42 − 13 = _____

___ − ___ = _____

___ − ___ = _____

___ − ___ = _____

___ − ___ = _____

53 − 24 − 18 = _____

___ − ___ − ___ = _____

___ − ___ − ___ = _____

___ − ___ − ___ = _____

___ − ___ − ___ = _____

Name: _____

Datum: _____

Sachrechnen mit Geld

○ 1 Ordne die Beträge. Beginne mit dem kleinsten.

1 €, _____

1 ct, _____

☺ 😐 ☹
□ □ □

○ 2 Wie viel Geld ist es?

_____ €   _____ €

_____ ct   _____ ct

☺ 😐 ☹
□ □ □

○ 3

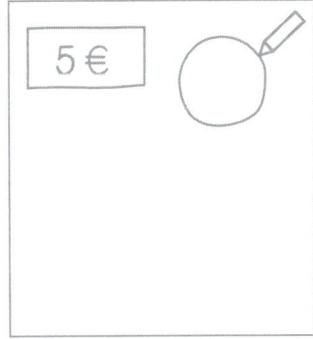  

6 € 30 ct   9 € 65 ct   24 € 44 ct

☺ 😐 ☹
□ □ □

Lehrerbereich

                   ☺ 😐 ☹

1 Euro- und Cent-Beträge ordnen _____ □ □ □

2 Geldbeträge ermitteln _____ □ □ □

3 Gemischte Geldbeträge zeichnen _____ □ □ □

45

Sachrechnen mit Geld

4 Ist das Angebot günstiger? Überprüfe.

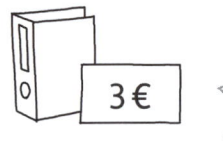 3 €

Angebot:
5 Ordner
für 15 €

L:

A:

☺ ☻ ☹
□ □ □

●

5 Janne hat 19 €. Reicht das Geld?

 8 €

 12 €

Einkaufszettel:

2 Ordner

6 Hefte

1 Wasserfarben-

kasten

 1 €
Angebot:
3 Hefte
für 2 €
3 €

●

L:

A:

☺ ☻ ☹
□ □ □

Lehrerbereich

☺ ☻ ☹

4 Sachaufgabe mit Geld lösen _____ □ □ □

5 Komplexe Sachaufgabe mit Geld lösen _____ □ □ □

Name: _____

Datum: _____

Mit Daten und Tabellen arbeiten

Die Aufgaben
waren für mich:

○ **1** Welche Gleichung passt zu welcher Rechengeschichte?

Verbinde und löse. Eine Gleichung bleibt übrig.

| Zum Kindergeburtstag hat Ida 8 Freunde aus der Schule eingeladen. Aus der Nachbarschaft kommen noch 4 Freunde dazu. Wie viele Kinder kommen zu Idas Feier? | Tom hat einen Kuchen gebacken. Er schneidet ihn in 12 Stücke. Die Familie isst insgesamt 4 Stücke. Wie viele Kuchenstücke bleiben noch übrig? |

12 − 4 = _____   8 + 4 = _____   12 : 4 = _____

○ **2** Paul und seine Freunde ermitteln ihre Augenfarben.

Zeichne ein Säulendiagramm zu den Ergebnissen.

blau	braun	grün
ЦЦ	ЦЦІ	ІІ

Lehrerbereich

1 Rechengeschichten den Gleichungen zuordnen und lösen
2 Daten ablesen und in ein Säulendiagramm übertragen

47

Name: _____

Datum: _____

Mit Daten und Tabellen arbeiten

◐ 3 Beantworte die Fragen zur Tabelle.

Name	Anzahl der Geschwister	Haustiere
Maxi	2	Hund
Leo	–	Vogel
Kim	1	Hase
Stefan	2	Katze
Saskia	2	–
Jenny	3	–
Lisa	–	Hamster
Tim	1	Hund
Arne	3	–

Wer hat die meisten Geschwister?

_____

Wer hat einen Hund?

_____

Wer hat doppelt so viele Geschwister wie Tim?

_____

Wie viele Geschwister hat die Person mit dem Hamster?

_____

● 4 Löse mithilfe einer Tabelle.

Max und Anna vergleichen ihre Steinesammlung.

Anna hat viermal so viele wie Max. Zusammen haben sie 15 Steine.

Wie viele Steine hat jeder?

L:

A:

Lehrerbereich

	☺	☺	☹
3 Daten aus Tabelle ablesen	☐	☐	☐
4 Sachaufgabe durch systematisches Probieren mithilfe einer Tabelle lösen	☐	☐	☐